LINDA LOUIS

GETROCKNETE KÖSTLICHKEITEN

Titel der französischen Originalausgabe:
DÉLICES DÉSHYDRATÉS
© Éditions **La Plage**, 2012
F-34200 Sète, 8 rue du Parc

Text und Fotos von Linda Louis

Umschlaggestaltung: DSR Werbeagentur Rypka GmbH/Thomas Hofer, 8143 Dobl/Graz,
www.rypka.at

Der Inhalt dieses Buches wurde vom Autor und vom Verlag nach bestem Wissen überprüft; eine
Garantie kann jedoch nicht übernommen werden. Die juristische Haftung ist daher ausgeschlossen.

Bibliografische Information der Deutschen Nationalbibliothek
Die Deutsche Nationalbibliothek verzeichnet diese Publikation in der Deutschen Nationalbibliografie;
detaillierte bibliografische Daten sind im Internet unter http://dnb.d-nb.de abrufbar.

Hinweis: Dieses Buch wurde auf chlorfrei gebleichtem Papier gedruckt. Die zum Schutz vor
Verschmutzung verwendete Einschweißfolie ist aus Polyethylen chlor- und schwefelfrei hergestellt.
Diese umweltfreundliche Folie verhält sich grundwasserneutral, ist voll recyclingfähig und verbrennt
in Müllverbrennungsanlagen völlig ungiftig.

Auf Wunsch senden wir Ihnen gerne kostenlos unser Verlagsverzeichnis zu:
Leopold Stocker Verlag GmbH
Hofgasse 5/Postfach 438
A-8011 Graz
Tel.: +43 (0)316/82 16 36
Fax: +43 (0)316/83 56 12
E-Mail: stocker-verlag@stocker-verlag.com
www.stocker-verlag.com

ISBN 978-3-7020-1415-5

Druck: Druckerei Theiss GmbH., A-9431 St. Stefan i. L.
Printed in Austria

GETROCKNETE KÖSTLICHKEITEN

GEMÜSECHIPS • CRACKER • FRUCHTLEDER & CO

TEXT UND FOTOS VON **LINDA LOUIS**

AUS DEM FRANZÖSISCHEN VON CHRISTIAN SCHWEIGER

LEOPOLD STOCKER VERLAG

GRAZ – STUTTGART

LUST AUF NEUES KOCHEN?

Genau genommen haben wir es hier weder mit Kochen noch mit Backen oder Braten, sondern vielmehr mit Trocknen zu tun. Feine Gemüsescheiben, Teig für Cracker, püriertes Obst oder Getreide- bzw. Körnermischungen werden nicht wie gewöhnlich im Ofen bei 180 °C gebacken, sondern bei niedrigen Temperaturen (zwischen 47 und 50 °C) getrocknet.

Ich habe diese neue Küche monatelang getestet und muss zugeben, dass ich anfangs etwas verloren war. Ich musste all meine gewohnten Techniken und Handgriffe aufgeben – von der Zubereitung bis zum Verzehr. Doch wurde ich dieser Versuche nie überdrüssig, da sie nicht nur Abenteuer waren, sondern in den meisten Fällen am Ende auch mit einer kulinarischen Befriedigung lohnten.

Alles begann, als ich ein Bild von einem getrockneten „Obstpfannkuchen" in Pam Corbins Buch *The River Cottage Preserves Handbook*[1] sah. Ich probierte ihr Fruchtlederrezept voller Neugierde und war sprachlos. Der intensive Fruchtgeschmack, der an Fruchtgeleewürfel (aber ohne die übermäßige Süße) erinnert, und die tatsächlich lederartig, geschmeidige Konsistenz haben mich sofort überzeugt. Dieses Mal durfte meine Tochter sich einmal so richtig den Bauch mit Süßigkeiten vollschlagen.

Stück für Stück begann ich mich nun näher mit diesen getrockneten Köstlichkeiten zu beschäftigen. In der Familie kennen wir Rohkost, weil wir gern gekeimtes Getreide mögen und so viel Obst und Gemüse wie möglich roh essen. Doch ich hatte das Rohkostprinzip nie weiter gesponnen und nie an die zahlreichen Möglichkeiten gedacht, die hier noch im Verborgenen schlummern: Nicht nur Fruchtleder, sondern auch knusprige Chips und Cracker oder saftige Müsliriegel – und all das ganz ohne Kochen! Jenseits des Atlantiks ist Rohkost schon lange populär, wird im Internet diskutiert und in Restaurants angeboten. Und auch in Westeuropa ist Rohkost immer mehr im Trend.

Rohkost hat neben dem offensichtlichen Gesundheitsaspekt noch weitere Vorteile: lange Haltbarkeit, eine breite Palette an Geschmäckern, Texturen und Farben, einfache Zubereitung (auch mit Kindern), Küchenkreativität usw.

Ich hoffe, die folgenden Seiten machen auch Ihnen Lust darauf, in die fantasievolle Welt des Trocknens einzutauchen, wo die Nahrungsmittel geachtet werden, die wir möglicherweise noch viel zu oft erhitzen.

---

[1] The River Cottage Preserves Handbook von Pam Corbin und Hugh Fearnley-Whittingstall, Ten Speed Press, 2010.

INHALTSVERZEICHNIS

FRAGEN ZUM TROCKNEN

*Welche Methoden gibt es zum
Trocknen von Lebensmitteln?* 6

*Was braucht weniger Energie:
Ofen oder Dörrapparat?* 6

*Bei welchen Temperaturen sollte man
trocknen, um die Nährstoffe zu erhalten?* 8

Welche Nahrungsmittel sind roh genießbar? 8

CHIPS AUS GEMÜSE UND OBST

*Luftig leichte Blütenblätter
Grundlagen und Ratschläge* 12

Süßkartoffelchips mit Colombo 14

Speiserübenchips „Goldene Kugel" 14

Pikante Melanzanisticks 16

Grünkohlchips mit Senf 18

Popkorn aus Blumenkohl 19

Apfelrosen mit Lebkuchengeschmack 20

Rote-Rüben-Chips 20

Ananasscheiben im Kokoskleid 22

Kleine Baisers mit Erdbeerflocken 24

FRUCHTLEDER

Grundlagen und Ratschläge 28

Mangokörbchen mit Portulaksalat 32

Erdbeerrollen mit Kräutern und Ziegenkäse 34

Pavlova-Himbeertulpen 36

Kakisamosas mit Kokoscreme 38

Feigentaschen mit Pistazienfülle 40

Saure Kiwibänder 42

CRACKER

*Knusprige Rohkost
Grundlagen und Ratschläge* 46

Hokkaidocracker mit Kürbiskernen 50

Waldcracker 52

Mini-Aperitif-Pizzas 54

Indische Cracker mit Sesam 56

KEKSE UND MÜSLIRIEGEL

*Getreide als Energiespender
Grundlagen und Ratschläge* 60

Knuspermüsli mit Buchweizen 62

Elbenbrot-Ecken 64

Fruchtriegel mit Chiasamen 66

Saftige Kokoshappen mit
getrockneten Aprikosen 68

Essenerbrot 70

FRAGEN ZUM TROCKNEN

Welche Methoden gibt es zum Trocknen von Lebensmitteln?

Es gibt mehrere Möglichkeiten, Lebensmittel zu trocknen. Für die ersten Versuche bietet sich der Ofen an. Im Laufe der Zeit werden Ihre Bedürfnisse Sie vielleicht zur Anschaffung eines Dörrgeräts oder zum Bau eines Sonnenofens bewegen.

Was mich betrifft, so erwiesen sich bereits vor einigen Jahren meine ersten Versuche, halbierte, mit einem feinen Tuch bedeckte Tomaten auf einem Rost an der Sonne zu trocknen, als erfolgreich. In 3 Tagen waren sie trocken. Das gelang mir sogar unter der Heckscheibe meines Autos, wenn hier auch des Öfteren die Türen geöffnet werden mussten, um die feuchte Luft abziehen zu lassen. Als der Herbst dann nahte, musste ich mich auf gängigere Mittel wie Heizkörper oder Kamin besinnen. Schließlich lag jedoch der Kauf eines Dörrgeräts auf der Hand. Die Menge an gesammelten Pilzen und Heilkräutern bestätigte mich in dieser Entscheidung.

Um Ihnen bei Ihrer eigenen Entscheidung zu helfen, sind auf Seite 9 die Vor- und Nachteile der verschiedenen Trockenmethoden in einer Tabelle aufgelistet.

Also muss jetzt ein Dörrapparat her oder nicht? Wägen Sie zuerst Ihre Bedürfnisse ab. Haben Sie einen großen Gemüsegarten, eine große Obsternte, finden viele Pilze, lieben den intensiven Geschmack getrockneter Lebensmittel oder wollen sich bewusst, gesund, preiswert, praktisch und ohne Risiko ernähren, dann sollten Sie den Kauf eines Dörrgeräts in Erwägung ziehen.

Ich habe mich entschlossen, nicht das billigste Gerät zu nehmen, wo Leistung und Lebensdauer begrenzt sind, sondern zog gleich ein bewährtes Modell für beste Ergebnisse vor.

Was braucht weniger Energie: Ofen oder Dörrapparat?

Da diese Frage immer wieder auftaucht, und mir nun wirklich daran lag, sie ein für allemal zu klären, habe ich ein Wattmeter gekauft. Damit wird der Stromverbrauch von Elektrogeräten gemessen. Man steckt es einfach in die Steckdose und steckt das fragliche Gerät dort ein. Auf dem Bildschirm erscheint dann der Verbrauch in Watt und Euro. Praktisch, nicht wahr?

• Ein **Dörrapparat** kostet bei 50 °C (500 W) 6 Cent in der Stunde, d. h. 24 Cent in 4 Stunden. Diese Summe muss nun durch die Anzahl der Trockenroste geteilt werden. Trocknen Sie z. B. 5 Fruchtleder zugleich, so kostet jedes ca. 5 Cent. Trocknen Sie hingegen 10 Stück auf einmal, so kostet jedes nur noch 2,5 Cent.

• Ein **Umluftofen** kostet bei 50°C (80 W) 2,2 Cent in der Stunde, d. h. 9 Cent in 4 Stunden. Bei einem Ofen mit drei Blechen kostet ein Fruchtleder etwa 3 Cent.

Das bedeutet, ein Dörrgerät ist nur bei voller Auslastung und oftmaligem Gebrauch finanziell rentabel. Der Ofen wiederum ist kein so großer Energieschlucker, wie viele vielleicht glauben. Zögern Sie also nicht, ihn auch bei niedriger Temperatur zum Trocknen zu verwenden!

Bei welchen Temperaturen sollte man trocknen, um die Nährstoffe zu erhalten?

Eines vorweg: Die Nährstoffe, um die es hier geht, werden als Mikronährstoffe bezeichnet. Es handelt sich dabei um Vitamine, Ballaststoffe, Enzyme und Mineralstoffe/ -salze, die von Natur aus in rohem Obst und Gemüse enthalten sind. Beim Kochen werden viele davon, insbesondere Vitamin B und C, zerstört. Durch das Trocknen bleibt ein Maximum dieser Mikronährstoffe erhalten, was eine hochwertige, energiereiche Ernährung gewährleistet.

In der Ernährungswissenschaft heißt es, dass ab 40 °C getrocknet und ab 65 °C gekocht wird.

Im Idealfall wird der Trockenprozess zwischen 60 und 63 °C begonnen. Dadurch
– werden die für die Zersetzung verantwortlichen Mikroorganismen abgetötet;
– wird den Nahrungsmitteln schnell und wirksam Feuchtigkeit entzogen;
– wird die Oxidation gestoppt;
– übersteigt die Temperatur im Inneren der Nahrungsmittel, die noch Feuchtigkeit enthalten, nicht 47 °C, die ideale Trockentemperatur.

Die Anhänger der Rohkost gehen in ihrer Analyse der Lebensmitteltrocknung noch einen Schritt weiter. Auf der Grundlage der Arbeiten von Dr. Edward Howell[2] versuchen sie, möglichst viele Verdauungsenzyme zu erhalten, die schon bei Temperaturen zwischen 42 und 47 °C in Mitleidenschaft gezogen werden. Diese Enzyme unterstützen die Verdauung der Nahrung und somit die Aufnahme der Nährstoffe. Fehlen sie, müssen sie vom Körper produziert werden, was wiederum unseren Energiehaushalt schwächt und uns anfälliger für Krankheiten werden lässt.

In einem sind sich jedoch die Anhänger der klassischen Ernährungswissenschaft und die Verfechter strenger Rohkost einig: Das Trocknen von Nahrungsmitteln bewahrt mehr Nährstoffe als das Kochen und erhält auch eine eventuelle krebshemmende Wirkung, was besonders bei Kohl der Fall ist.

Eine genaue Temperatureinstellung ist bei allen Standarddörrgeräten und bei manchen Präzisionsöfen möglich. Verfügt Ihr Ofen nur über einen gewöhnlichen Thermostat, so sollte Sie das jedoch keineswegs daran hindern, bei 50 °C zu trocknen, was durchaus ebenso funktioniert.

Welche Nahrungsmittel sind roh genießbar?

• **Getreide** (Weizen, Dinkel, Quinoa, Buchweizen usw.) und Hülsenfrüchte (Alfalfa, Bockshornklee, Linsen, Soja usw.) in gekeimter Form.

• **Obst:** Alle Obstsorten außer Quitten und Rhabarber.

• **Gemüse:** Knoblauch, Spargel, Melanzani (in Maßen), Kohl, Kürbisse, Zucchini, Saubohnen, grüne Bohnen (nur ganz frische, feine Bohnen und in Maßen), Wurzelgemüse (Rote Rüben, Karotten, Sellerie, Kohlrabi, Speiserüben, Pastinaken, Radieschen, Rettich, Steckrüben), Zwiebeln, Süßkartoffeln, Erbsen, Paprika, Topinambur.

---

[2] Überliefert in erster Linie von Ann Wigmore und Victoras Kulvinskas, den Begründern des Hippokrates-Instituts und Leitfiguren der Rohkostbewegung der 1960er-Jahre.

TROCKENMETHODE	VORTEILE	NACHTEILE
SONNENTROCKNUNG	Keine Energiekosten. Geräuschlos	Mitunter ungleichmäßiges Trocknen (problematisch vor allem bei Crackern und Keksen, die leicht anfangen zu gären). Nur im Sommer oder in sonnigen und trockenen Gegenden möglich. Zusätzlicher Arbeitsaufwand (Trockengut muss jeden Abend ins Haus gebracht werden).
SOLARTROCKNER	Keine Energiekosten. Geräuschlos. Große Trockenkapazität. Einfache Anwendung.	Wie bei der Sonnentrocknung. Herstellungs- bzw. Anschaffungskosten.
OFEN	In den meisten Haushalten vorhanden. Niedriger Energieverbrauch. Leise. Relativ gleichmäßige Trocknung.	Geringe Trockenkapazität (2 bis 3 Bleche). Der Ofen kann lange nicht für andere Zwecke genutzt werden. Längere Trockendauer als im Dörrgerät.
DÖRRGERÄT	Sehr große Trockenkapazität. Niedriger Energieverbrauch bei voller Auslastung. Gleichmäßigeres und schnelleres Trocknen als im Ofen. Leichte Bedienung durch präzisen Thermostat. Leichte Säuberung und Pflege des Geräts.	Kosten des Geräts und Zubehörs (zwischen 100 und 600). Größe des Apparats (benötigt eine größere Arbeitsfläche oder einen eigenen Abstellplatz). Geräuschvolle Geräte müssen in gewisser Entfernung von Wohn- und Schlafräumen aufgestellt werden.

CHIPS

AUS GEMÜSE UND OBST

LUFTIG-LEICHTE BLÜTENBLÄTTER
GRUNDLAGEN UND RATSCHLÄGE

Leicht, aber nahrhaft! Bedenken Sie stets, dass Sie hier rohe Chips essen, die wesentlich mehr Nähr- und Ballaststoffe enthalten als herkömmliche. Herrlich knusprig beim Hineinbeißen, werden die Obst- und Gemüsechips im Mund durch den Speichel wieder hydriert. Sie werden länger gekaut, was nur ein Vorteil sein kann, denn so kann sich der Magen nicht nur länger und ohne Stress auf die bevorstehende Arbeit vorbereiten, sondern bekommt zusätzliche Schützenhilfe durch die im Speichel enthalenen Vorverdauungsstoffe.

Material

• **Ein Küchenhobel:** Nicht jeder Hobbykoch hat dieses Küchengerät zuhause, aus der Profiküche ist es jedoch nicht wegzudenken. Geräte aus rostfreiem Edelstahl halten ewig, wenn sie fachgerecht nur mit Wasser und einem weichen Tuch gereinigt werden. Ein Küchenhobel ermöglicht es, Obst und Gemüse in gleichmäßig feine Scheiben zu schneiden. Je feiner die Scheiben, desto knuspriger werden Ihre Chips und desto schneller lassen sie sich trocknen.

• **Ein Spiralschneider:**
(siehe Apfelrosen auf Seite 20)
Dieses Gerät ist nicht unbedingt notwendig, doch praktisch für Spiralen und Bänder. Das macht nicht nur Spaß (besonders Kindern), sondern bietet auch abwechslungsreiche Präsentationsmöglichkeiten.

1. Waschen Sie das Gemüse oder Obst (wenn möglich, ohne es zu schälen, um die wertvollen Nährstoffe in der Schale zu erhalten).

2. Schneiden Sie es in sehr feine Scheiben.

3. Mischen Sie die Scheiben in einer großen Schüssel mit etwas Öl, Salz und Gewürzen.

4. Legen Sie die Scheiben auf einen mit Dörrfolie bedeckten Dörrrost oder auf ein mit Backpapier ausgelegtes Backblech und lassen Sie sie je nach Sorte zwischen 4 und 18 Stunden trocknen.

5. Entfernen Sie nach halber Trockendauer das Backpapier, um eine bessere Luftzirkulation zu ermöglichen und das Trocknen zu beschleunigen. Die Chips sind fertig, wenn sie leicht zu zerbrechen sind.

Tipps

- Wählen Sie frisches Obst und Gemüse – es lässt sich leichter hobeln.

- Würzen Sie sparsam. Die Oberfläche der Chips verringert sich beim Trocknen, nicht jedoch die Menge der Gewürze!

- Verwenden Sie nicht mehr als einen Teelöffel Öl für 250 Gramm Gemüse. Es verdunstet nicht und würde die Chips trotz stundenlangen Trocknens nicht knusprig werden lassen.

- Lagern Sie die Chips in luftdicht verschlossenen Dosen oder Plastikbeuteln (bis zu 6 Monate). Mit der Zeit werden die Chips weicher. Dann genügt es, sie 1 bis 2 Stunden bei 47 °C zu trocknen, um sie wieder knusprig werden zu lassen.

SÜSSKARTOFFELCHIPS
MIT COLOMBO[1]

Wussten Sie, dass Süßkartoffeln roh genießbar sind? Mit einer Prise Colombo kommt ihr Karottengeschmack besonders gut zur Geltung.

Für 4 Personen

250 g Süßkartoffeln
1 TL Erdnussöl
1 gehäufter TL Colombo-Curry
3 Prisen Salz

• Vorbereitungszeit: 20 Min. •
• Trockendauer: 9 Std. (2 Bleche) •
• Haltbarkeit: 3 Monate •

1. Süßkartoffeln schälen und in 1 mm dünne Scheiben hobeln.

2. Sorgfältig in einer großen Schüssel mit Erdnussöl, Colombo-Curry und Salz vermischen.

3. Süßkartoffelscheiben auf zwei Etagen im Dörrapparat oder auf 2 Blechen verteilen und 9 Stunden bei 47 °C trocknen lassen.

[1]Colombo ist eine würzig-frische karibische Gewürzmischung, ähnlich dem Sri-Lanka-Curry, und beinhaltet z. B. Kurkuma, Koriander, Kumin, Bockshornklee, Pfeffer, gemahlene Senfkörner, Nelken usw.

SPEISERÜBENCHIPS „GOLDENE KUGEL"

Die gelbe Speiserüben-Sorte „Goldene Kugel" überrascht mit erdigen Noten, ohne bitter zu sein.

Für 4 Personen

250 g Speiserüben
15 g glatte Petersilie
2 Knoblauchzehen
1 TL Sonnenblumenöl
3 Prisen Salz

• Vorbereitungszeit: 20 Min. •
• Trockendauer: 11 Std. (2 Bleche) •
• Haltbarkeit: 1 Monat •

1. Rüben waschen, Blattansatz entfernen und in 1 mm dünne Scheiben hobeln.

2. Knoblauch schälen und pressen. Mit gehackter Petersilie, Sonnenblumenöl und Salz verrühren und dann gründlich mit den Rübenscheiben vermischen.

3. Rübenscheiben auf zwei Etagen im Dörrapparat oder zum Trocknen im Ofen auf 2 Blechen verteilen und 11 Stunden bei 47 °C trocknen lassen.

PIKANTE MELANZANI STICKS

Wer hätte gedacht, dass man rohe Melanzani essen kann? Da sie jedoch Solanin, eine in hoher Dosis giftige Verbindung, enthalten, sollten sie nur in Maßen genossen werden. Getrocknete und pikant gewürzte Melanzani können gegrillten Speck in der veganen Küche ausgezeichnet ersetzen.

Für 4 Personen

2 Melanzani (500 g)
1 gestrichener TL Salz
2 EL Paprika
1 gestrichener TL Piment d'Espelette[1] oder
1 Prise Cayennepfeffer
1 EL Olivenöl
1 EL Vollrohrzucker

• Vorbereitungszeit: 1 Std. 40 Min. •
• Marinieren: 1 Std. •
• Trockendauer: 20 Std. (2 Bleche) •
• Haltbarkeit: 6 Monate •

1. Melanzani waschen und den Stielansatz entfernen.

2. In 2 bis 3 mm dicke Scheiben hobeln.

3. Mit Salz bestreuen und die den Scheiben dadurch entzogene Flüssigkeit in einem großen Sieb über einer Schüssel 1 Stunde lang abtropfen lassen.

4. Melanzanischeiben mit Küchenpapier abtupfen.

5. Gewürze, Olivenöl und Vollrohrzucker in einer großen Schüssel vermischen.

6. Melanzanistücke einrühren, so dass die Paste sie gut bedeckt. Eine Stunde bei Raumtemperatur ziehen lassen.

7. Melanzanischeiben auf zwei Dörrgittern oder 2 Blechen verteilen.

8. 20 Stunden bei 47 °C trocknen lassen.

*Gewürz aus den Früchten der Chili-Sorte Gorria, die im französischen Baskenland kultiviert wird, mild-pikant und fruchtig im Geschmack.

GRÜNKOHL CHIPS MIT SENF

Leichte und erstaunlich knackige Chips mit Senfflocken!

Für 4 Personen

300 g Grünkohlblätter

2 gestrichene EL Senf

6 EL Wasser

• Vorbereitungszeit: 15 Min. •
• Trockendauer: 4 Std. (3 Bleche) •
• Haltbarkeit: 1 Monat •

Anmerkung:
Dieses Rezept funktioniert ebenso mit Wirsingkohlblättern.

1. Kohlblätter waschen, in einer Schüssel Senf und Wasser verrühren, Kohlblätter zugeben und alles gut vermischen.

2. Kohlblätter gleichmäßig auf drei Rosten des Dörrapparats oder auf 3 Backblechen verteilen und 4 Stunden bei 47 °C trocknen lassen.

POPKORN
AUS BLUMENKOHL

Diese kleinen Blumenkohlröschen sind sehr knusprig. Farbige Blumenkohlsorten bringen zusätzliche Abwechslung.

Für 4 Personen

1 kleiner Blumenkohl
1 EL Sonnenblumenkerne
1 gestrichener TL Salz

• Vorbereitungszeit: 15 Min. •
• Trockendauer: 4 Std. (3 Bleche) •
• Haltbarkeit: 1 Monat •

1. Blumenkohl in haselnussgroße Stücke teilen und dickere Stiele entfernen.

2. Waschen und auf einem Küchenpapier trocknen.

3. Sonnenblumenkerne und Salz fein zerkleinern und in einer großen Schüssel gründlich mit dem Blumenkohl mischen.

4. Blumenkohlröschen gleichmäßig auf zwei Rosten des Dörrapparats oder auf 2 Blechen verteilen und 10 Stunden bei 47 °C trocknen lassen.

APFELROSEN
MIT LEBKUCHENGESCHMACK

Diese kleinen Leckereien verströmen angenehmen Weihnachtsduft. Sie können einfach so geknabbert oder als Kuchendekoration verwendet werden.

Für etwa 10 Apfelrosen

3 Äpfel mit festem Frucht-
fleisch (z. B. Gala)
1 gestrichener TL Zimt
1 TL gemahlener Ingwer
1 Prise gemahlener Sternanis
1 Prise gemahlene Gewürznelken

• Vorbereitungszeit: 1 Std. •
• Trockendauer: 7 Std. (1 Blech) •
• Haltbarkeit: 6 Monate •

1. Äpfel waschen und mit dem Spiralschneider in feine Bänder schneiden.

2. Gewürze in einer Schüssel mischen und die Bänder damit bestreuen.

3. Rosen formen, indem die Bänder eingerollt werden, und mit Zahnstochern fixieren.

4. Die Rosen auf ein Dörrgitter bzw. auf ein Backblech legen.

5. 7 Stunden bei 47 °C trocknen lassen. Nach der Hälfte der Trockendauer können die Spieße entfernt werden.

ROTE-RÜBEN-CHIPS

Dazu passt Schlagsahne mit Ziegenfrischkäse!

Für 4 Personen

1 rohe Rote Rübe (200 g)

• Vorbereitungszeit: 30 Min. •
• Trockendauer: 12 Std. (2 Bleche) •
• Haltbarkeit: 6 Monate •

1. Rote Rübe schälen, waschen, trocknen und in sehr feine Scheiben (½ mm) hobeln.

2. Rote-Rüben-Scheiben auf zwei mit Backpapier bedeckten Dörrrosten bzw. 2 mit Backpapier ausgelegten Backblechen auflegen.

3. 12 Stunden bei 47 °C trocknen lassen.

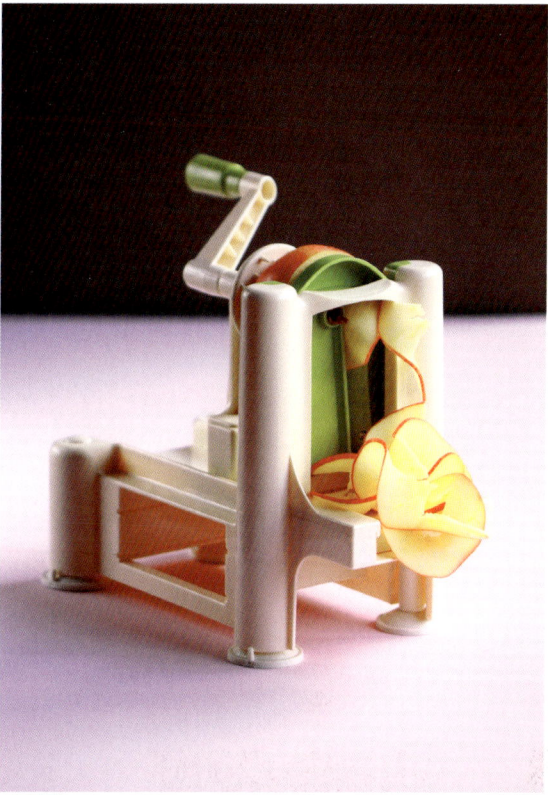

ANANASSCHEIBEN
IM KOKOSKLEID

Hier eine kleine Leckerei, die Sie bedenkenlos jederzeit genießen können. Denn die Ananasscheiben schmecken nicht nur köstlich, sondern sind in ihrem glitzernden Kokoskleidchen auch hübsch anzusehen.

Für 2 Personen
1 Ananas
70 g Kokosraspeln

• Vorbereitungszeit: 30 Min. •
• Trockendauer: 12 Std. (2 Bleche) •
• Haltbarkeit: 6 Monate •

1. Strunk der Ananas entfernen.

2. Ananas mit einem scharfen Messer in 3 bis 4 mm dicke Scheiben schneiden.

3. Die Scheiben mit einer großen, runden Ausstechform auf einheitliche Größe bringen, so dass die Schale vollständig entfernt ist. Mit einer kleinen Ausstechform (2 cm Durchmesser) den holzigen Kern entfernen.

4. Kokosraspeln in einen Suppenteller streuen.

5. Beide Seiten der Ananasscheiben in den Kokosraspeln «panieren».

6. Die Ananasscheiben auf zwei Dörrgitter oder zwei Backbleche legen.

7. 12 Stunden bei 47 °C trocknen lassen.

KLEINE BAISERS MIT
ERDBEERFLOCKEN

Diesmal backen Sie Ihre Baisers nicht bei 120 °C, sondern trocknen sie bei 60 °C. Selbst mit hellem Rohrzucker bleiben sie so schön weiß. Durch die Erdbeerflocken erinnert ihr Geschmack an fruchtige Erdbeerbonbons.

Für 4 Personen

2 Eiweiß (Raumtemperatur)

1 paar Tropfen Zitronensaft

1 Prise Arrowroot/
Pfeilwurzelmehl
(oder Maisstärke)

1 Prise Salz

120 g heller Rohrzucker

125 g reife Erdbeeren

• Vorbereitungszeit: 40 Min. •
• Trockendauer: 4 Std. (2 Bleche) •
• Haltbarkeit: 3 Wochen •

Anmerkung: Dieses Rezept funktioniert ebenso mit anderen Früchten, wie z. B. Mango, Kiwi, Kokosnuss, Feigen, Pfirsich, Aprikosen oder Pflaumen.

1. Eiweiß mit Zitronensaft, Arrowroot und Salz in eine Schüssel geben.

2. Zunächst langsam und dann zunehmend schneller mit dem Handmixer schlagen. Beginnt die Masse weiß und schaumig zu werden, langsam den Zucker einrieseln lassen, während der Schnee weiter geschlagen wird.

3. Den steifen Eischnee in einen Spritzbeutel füllen.

4. Walnussgroße Häufchen auf 2 mit Dörrfolie bedeckte Dörrroste oder 2 mit Backpapier ausgelegte Backbleche spritzen.

5. Erdbeeren säubern und in feine Scheiben schneiden.

6. 3 bis 4 Erdbeerscheiben auf jedes Baiser legen.

7. 4 Stunden bei 60 °C trocknen lassen.

FRUCHT
LEDER

GRUNDLAGEN
UND RATSCHLÄGE

Als ich mein erstes Fruchtleder machte, war ich überrascht, welche Konsistenz und welchen Geschmack ich da hervorgezaubert hatte. Und doch handelt es sich dabei eigentlich nur um ein Püree aus rohem Obst, welches sehr dünn auf ein Blech aufgestrichen und ein paar Stunden getrocknet wird. Die zugleich weiche und doch robuste, lederartige Konsistenz setzt unserer Formphantasie keine Grenzen. Der konzentrierte Geschmack erinnert an Fruchtgelee oder karamellisierte Marmelade. Da Fruchtleder keine Feuchtigkeit mehr enthält, ist es lange haltbar und gehört so in die neue Kategorie kreativer Konserven.

Material

- **Pürierstab oder Küchenmaschine/Standmixer:** Diese Geräte sind notwendig um Obst (oder Gemüse) zu pürieren. Um das Zerkleinern zu erleichtern und eventuelles Überhitzen des Gerätes zu vermeiden, wird das Obst zuvor in Stücke geschnitten.

- **Große Backbleche:** Verwenden Sie ein Dörrgerät, werden die Roste vor dem Aufstreichen des Pürees mit Dörrfolie ausgelegt. Backbleche werden mit Backpapier überzogen, um das fertige Fruchtleder leichter ablösen zu können.

- **Weicher Teigschaber:** Mit einem Teigspatel oder einer –karte kann der Teig leicht verteilt und die Oberfläche geglättet werden.

1. Obst schälen, wenn nötig, Kerne entfernen und pürieren.

2. Nicht besonders süßes Obst kann beim Pürieren noch zusätzlich mit Rohrzucker, Honig oder Agavensirup gesüßt werden.

3. Weiche Früchte, wie Erdbeeren, Himbeeren oder Kiwis, werden cremiger durch den Zusatz von einem Stück reifer Banane, Mango und/oder Nuss-, Mandel- oder Sesammus, wenn vorhanden. Man kann dem Püree Joghurt oder Kokosmilch beimischen, wenn das Fruchtleder zum baldigen Verzehr gedacht ist. Ein Schuss Alkohol kann manche Zubereitung noch verfeinern (z. B. Feigenleder mit Portwein oder Erdbeerleder mit Rotwein).

4. In der Regel gehen wir von folgenden Zutaten aus: 250 bis 300 g gesäubertes Obst + 30 bis 50 g Zucker + 20 g Nussmus ergeben 300 bis 370 g Fruchtpüree.

5. Verteilen Sie das Püree in einer gleichmäßig feinen Schicht (1 bis 2 mm) auf dem mit Dörrfolie ausgelegten Dörrgitter oder dem mit Backpapier ausgelegten Backblech. Je sorgfältiger Sie arbeiten, desto glatter und gleichmäßiger wird das Fruchtleder.

6. Buntes Fruchtleder wird durch das Auftragen verschiedenfarbiger Pürees hergestellt, die mit einem Löffel auf dem Blech verteilt und dann glatt gestrichen werden. Sie können auch mit einer Dekorierflasche bunte Tupfen auf ein einfarbiges Fruchtleder auftragen.

7. Lassen Sie das Fruchtleder 4 Stunden im Dörrapparat trocknen – die erste halbe Stunde bei 60 °C, dann bei 47 °C (siehe Seite 8). Im Ofen trocknet man Fruchtleder 5 bis 6 Stunden bei 50 °C. Die Dauer variiert je nach Ofen (Umluft), Fruchtkonsistenz und Dicke der anfänglichen Püreeschicht. Mango trocknet z. B. schneller als Kiwi und Kaki, die länger klebrig bleiben.

8. Das Fruchtleder ist fertig, wenn man mit den Fingern darüber streichen kann, ohne es zu «zerknittern» und sich die Oberfläche weich und glatt anfühlt.

9. Das fertige Leder kann mit einer Zackenschere, Nudelmaschine oder verschiedenen Keksformen in die gewünschte Form gebracht werden. Man kann auch mit Hilfe von Schablonen Körbchen, Tüten oder alle möglichen Formen daraus zuschneiden, die durch einen weiteren Trockenprozess gehärtet werden.

Tipps

- Fruchtleder aus 100 % Banane sollten 1 bis 2 EL Zitronensaft hinzugefügt werden, um eine Oxidation zu vermeiden.

- Für Apfel- und Birnenleder Äpfel und Birnen vorher mit wenig Wasser aufkochen und pürieren.
  Die rohe Variante zerfällt und lässt sich nur schlecht bearbeiten.

- Fruchtleder ist 6 Monate haltbar, wenn man es mit einer Lage Backpapier aufrollt und in Plastikfolie wickelt. Wird es ohne Backpapier nur in Plastikfolie eingerollt, klebt es fest und zerreißt beim Entrollen.

Gemüseleder

1. Wenn Sie keine leistungsfähige Küchenmaschine haben, reiben Sie feste Gemüsesorten, wie Rote Rüben, Karotten, Sellerie usw. , zuerst.

2. Gemüse pürieren, und wenn es zu viel Saft enthält, diesen durch ein feines Sieb (eventuell mit einem Filter ausgelegt) abgießen.

3. Durch Hinzufügen von etwas Zucker wird das Leder geschmeidig und elastisch. Dafür genügen 30 bis 50 g.

4. Der Gemüsebrei wird durch Zugabe von Mango, Avocado, Nuss-, Mandel- oder Sesammus cremiger.

Auf Grund des geringen Zuckergehalts sind Gemüseleder nicht länger als 1 Monat haltbar, da sie ihre Konsistenz verändern und sich nicht mehr so leicht formen lassen.

MANGOKÖRBCHEN
MIT PORTULAKSALAT

Fruchtleder lässt sich beliebig formen. Mit einer Schablone lassen sich sehr einfach Körbchen herstellen, die nur darauf warten mit feinem Salat gefüllt zu werden.

Für 2 Personen

Mangoleder

280 g frische, reife Mangos

20 g Cashewmus oder Erdnussbutter

50 g Agavensirup

Salat

80 g Portulak oder Feldsalat

50 g Weißkohl

30 g Karotten

1 Handvoll Keimsprossen (Alfalfa, Linsen, Lauch, Radieschen, …)

20 g weiße Sesamsamen

2 EL Zitronen- oder Orangensaft

5 EL Olivenöl

Pfeffer und Salz

• Vorbereitungszeit: 1 Std. 15 Min. •
• Trockendauer: 11 Std. (1 Blech) •
• Haltbarkeit der Körbchen: 2 Monate •

1. Mango mit Cashewmus und Agavensirup pürieren. Püree gleichmäßig dünn mit einer weichen Küchenspachtel auf dem mit Dörrfolie abgedeckten Dörrrost oder dem mit Backpapier überzogene Backblech verteilen.

2. 30 Minuten bei 60 °C und danach 2 Stunden und 30 Minuten bei 47 °C trocknen lassen.

3. Das Mangoleder vorsichtig abziehen.

4. Ein Spankörbchen öffnen, flach mit der Außenseite auf das Mangoleder legen und mit einem scharfen, spitzen Messer nachschneiden.

5. Körbchen nachfalten und die Enden durch einfachen Fingerdruck zusammenfügen. Ist das Leder zu spröde, mit nassen Hände etwas anfeuchten. Die beiden Seitenwände durch einen Zahnstocher in Position halten.

6. Die Körbchen weitere 8 Stunden trocknen lassen, bis sie hart und fest sind. Achtung, die fertigen Körbchen sind zerbrechlich!

7. Portulak waschen und Stiele entfernen. Kohl fein schneiden. Karotten schälen und reiben.

8. Portulak, Kohl und Karotten in einer Schüssel mischen, auf die Körbchen verteilen und mit Sesam und Keimsprossen bestreuen.

9. Zitronensaft, Olivenöl, Pfeffer und Salz mit einem Schneebesen in einer Schüssel verrühren, getrennt servieren und erst unmittelbar vor dem Verzehr auf dem Salat verteilen.

ERDBEERROLLEN
MIT KRÄUTERN
UND ZIEGENKÄSE

Diese Variante der Frühlingsrollen wird Liebhabern süß-saurer Gerichte schmecken. Kräuter, Zucchini, Radieschen und Alfalfakeime bringen eine frische Note und passen ausgezeichnet zum prickelnden Erdbeergeschmack.

Für 4 Personen

Erdbeerleder

250 g Erdbeeren

20 g Mandelmus

50 g reife Bananen

50 g heller Rohrzucker

Fülle

1 Bund glatte Petersilie (etwa 20 g Blätter)

120 g Zucchini

12 Radieschen

4 große Erdbeeren

60 g trockener Ziegenkäse

1 Bund Schnittlauch

30 g gekeimter Alfalfa

• Vorbereitungszeit:
1 Std. 15 Min. •
• Trockendauer: 4 Std. (1 Blech) •
• Haltbarkeit des Fruchtleders:
4 Monate •

Anmerkung: Die Rollen bleiben ca. 3 Stunden frisch. Danach wird das Erdbeerleder weicher. Deshalb das Erdbeerleder erst kurz vor dem Servieren füllen und einrollen.

1. Erdbeeren säubern und mit Mandelmus, Bananen und Rohrzucker pürieren.

2. Püree gleichmäßig mit einer weichen Küchenspachtel auf dem mit Dörrfolie abgedeckten Dörrrost oder dem mit Backpapier überzogenen Backblech verteilen.

3. 30 Minuten bei 60 °C und danach 3 Stunden 30 Minuten bei 47 °C trocknen lassen.

4. Das Erdbeerleder vorsichtig abziehen und vierteln.

5. Glatte Petersilie waschen und gut trocknen.

6. Zucchini waschen und raspeln. Geriebene Zucchini zwischen zwei Blättern Küchenrolle trocken tupfen.

7. Radieschen waschen und fein der Länge nach schneiden.

8. Erdbeeren entstielen, waschen und vierteln.

9. Ziegenkäse in 1 cm dicke Stifte schneiden.

10. Schnittlauch waschen und in 4 Bündel teilen.

11. Ein Viertel des Erdbeerleders auf ein Backpapier oder auf ein Bambusset legen. Ein Viertel der Zutaten in dieser Reihenfolge auflegen: Petersilie, Alfalfakeime, geriebene Zucchini, Radieschen, Schnittlauch, Erdbeeren, Ziegenkäse.

12. Erdbeerleder mit etwas Druck zusammenrollen. Die 3 weiteren Rollen ebenso herstellen.

PAVLOVA
HIMBEERTULPEN

Ursprünglich sind Pavlova kleine Torten oder Törtchen aus Baiser, die gern mit Früchten oder Eis gefüllt werden. Wir stellen die Körbchen aus Himbeerleder her und füllen sie mit einer Mischung aus Baiserbröseln und Schlagsahne.

Für 9 kleine Tulpen

Himbeerleder

200 g frische Himbeeren

20 g weißes Mandelmus

100 g reife Bananen

60 g Rohrzucker

Fülle

80 ml Schlagsahne

30 g heller Rohrzucker

100 g Baisers (siehe Seite 24)

9 Himbeeren

• Vorbereitungszeit: 1 Std. •
• Trockendauer: 12 Std. (1 Blech) •
• Haltbarkeit der Tulpen:
2 Monate •

1. Himbeeren durch ein feines Sieb passieren, dann mit Mandelmus, Bananen und Rohrzucker pürieren. Püree gleichmäßig dünn auf dem mit Dörrfolie abgedeckten Dörrrost oder dem mit Backpapier überzogenen Blech verteilen.

2. 30 Minuten bei 60 °C und danach 3 Stunden 30 Minuten bei 47 °C trocknen lassen.

3. Das Himbeerleder vorsichtig abziehen und mit einem Hammer und einem runden Ausstecher (12 cm Durchmesser) 9 Scheiben ausstechen.

4. 9 kleine Auflaufformen mit Backpapier auslegen und die Scheiben aus Himbeerleder vorsichtig so hineindrücken, dass ihre Ränder Wellen schlagen (siehe Abb. rechts) wie auf der Abbildung. Die Himbeerkörbchen 8 Stunden trocknen lassen, dann vorsichtig aus den Formen nehmen, da sie leicht brechen.

5. Schneebesen, Schüssel und Schlagsahne 10 Minuten in den Gefrierschrank stellen.

6. Für die Fülle Sahne steif schlagen (ein zerschlagener Eiswürfel beschleunigt den Vorgang). Während des Schlagens langsam den Zucker einrühren. Die fertige Schlagsahne in einen Spritzbeutel füllen und 4 Stunden kühl stellen.

7. Baisers in 2 bis 3 Stücke brechen. Die Himbeertulpen erst unmittelbar vor dem Servieren mit den Baiserstücken und der Schlagsahne füllen und mit einer Himbeere verzieren.

KAKISAMOSAS
MIT KOKOSCREME

Fruchtleder aus Kakis ist nicht nur schön orange, sondern ist auch besonders geschmeidig, was die Herstellung von Samosas erleichtert, die hier mit roher Kokoscreme gefüllt werden.

Für 10 Samosas

Kokoscreme

50 g frische Kokosnuss

25 g Cashew- oder Mandelmus

10 g Kokosfett oder -öl (1 TL)

30 g Agavensirup

50 ml Wasser

Kakileder

280 g Kakis

20 g weißes Mandelmus

50 g reife Banane

30 g Agavensirup

Sesamsamen

• Vorbereitungszeit: 8 Std. •
• Trockendauer: 4 Std. (1 Blech) •
• Haltbarkeit: 3 Tage •
• (Kakileder: 4 Monate) •

1. Für die Kokoscreme alle Zutaten zu einer sämigen Creme pürieren und 8 Stunden in den Kühlschrank stellen.

2. Für das Fruchtleder Kakis, Mandelmus, Banane und Agavensirup pürieren.

3. Püree gleichmäßig dünn auf dem mit Dörrfolie abgedeckten Dörrrost oder dem mit Backpapier ausgelegten Backblech verteilen.

4. 30 Minuten bei 60 °C und danach 3 Stunden 30 Minuten bei 47 °C trocknen lassen.

5. Das Kakileder vorsichtig abziehen und zuerst der Länge nach in 5 Streifen schneiden, dann jeden Streifen noch einmal in der Mitte durchschneiden.

6. Auf das Ende jedes Streifens etwas gehärtete Kokoscreme geben und Samosas formen, indem der Streifen immer wieder im Dreieck übereinandergeschlagen wird. Mit Sesam dekorieren.

FEIGENTASCHEN
MIT PISTAZIENFÜLLE

Diese süßen Häppchen mit ihrer nach Orangenblütenhonig duftenden Pistazienfülle entführen uns nach Sizilien. Zu Kaffee servieren.

Für etwa 20 Täschchen

Feigenleder

300 g frische Feigen

20 g Mandelmus

50 g Orangenblüten- oder Akazienhonig

Pistazienfülle

70 g geschälte Pistazien

15 g Mandelmus

35 g Orangenblütenhonig

- Vorbereitungszeit: 1 Std. 15 Min.
- Trockendauer: 4 Std. (1 Blech)
- Haltbarkeit: 2 Wochen
- (Feigenleder: 4 Monate)

Anmerkung: Öffnen sich die Täschchen, so ist das Feigenleder zu trocken und sollte mit einem Pinsel etwas angefeuchtet werden.

1. Feigen waschen und mit Mandelmus und Honig pürieren.

2. Püree mit einer biegsamen Spachtel gleichmäßig dünn auf einem mit Dörrfolie abgedeckten Dörrrost oder auf einem mit Backpapier überzogenen Backblech verteilen.

3. 30 Minuten bei 60 °C und danach 3 Stunden 30 Minuten bei 47 °C trocknen lassen.

4. Inzwischen Pistazien mit Mandelmus und Honig pürieren, bis eine marzipanähnliche Paste entsteht.

5. Das Feigenleder vorsichtig abziehen.

6. Mit Hilfe eines Ausstechers (5 cm Durchmesser) und eines Hammers Scheiben ausstechen.

7. In die Mitte jeder Scheibe eine haselnussgroße Kugel Pistazienfülle geben. Feigenleder darüber schlagen und die Ränder gut festdrücken.

SAURE
KIWIBÄNDER

Sie sind ein Fan saurer Bänder, haben jedoch Skrupel zu diesen chemischen Süßigkeiten zu greifen? Hier eine wesentlich nahrhaftere, köstliche und gesunde Variante. Das Kiwileder wird in feine Streifen geschnitten und in Zucker gewälzt. Diese sauren Bänder können jedem Vergleich mit ihren herkömmlichen Artgenossen standhalten!

Für 6 Personen

280 g Kiwis

100 g reife Bananen

40 g heller Rohzucker
(+ 40 g zum Wälzen)

1 EL Zitronensaft
(bei Bedarf)

• Vorbereitungszeit: 30 Min. •
• Trockendauer: 4 Std. (1 Blech) •
• Haltbarkeit: 4 Monate •

Anmerkung: Bänder erst kurz vor dem Servieren in Zucker wälzen, damit sie keine Feuchtigkeit aufnehmen.

1. Kiwis schälen und mit Banane, Zucker und eventuell Zitronensaft pürieren, falls die Kiwis nicht sauer genug sind.

2. Püree gleichmäßig dünn auf dem mit Dörrfolie abgedeckten Dörrrost oder dem mit Backpapier überzogenen Backblech verteilen.

3. 30 Minuten bei 60 °C und danach 3 Stunden 30 Minuten bei 47 °C trocknen lassen.

4. Das Kiwileder vorsichtig abziehen und in 2 cm breite Streifen schneiden.

5. Auf einem Teller in 40 g Zucker wälzen.

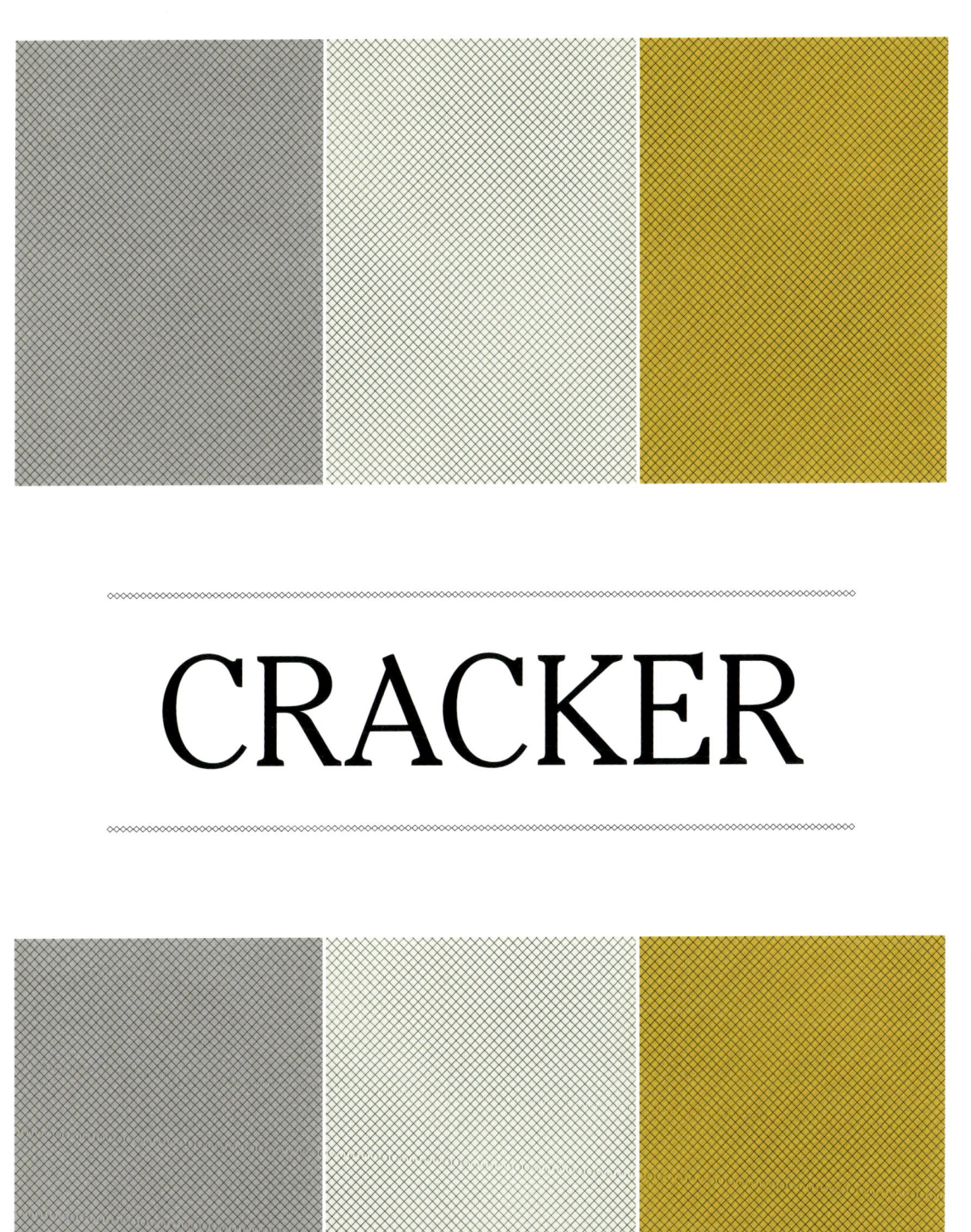

CRACKER

KNUSPRIGE ROHKOST

GRUNDLAGEN UND RATSCHLÄGE

Auf den ersten Blick möchte man meinen, Cracker könne man nur bei 180 °C im Ofen herstellen. Bei meinen weiteren Rohkostversuchen fand ich heraus, dass man sehr knusprige Kekse auch aus einem Teig aus eingeweichten Samen und Körnern herstellen kann, der getrocknet wird. Bevor Sie anfangen, sollten Sie sich einen kleinen Vorrat verschiedener Körner anschaffen. Gelingen ihnen die Grundrezepte, können Sie sie mit Zutaten der jeweiligen Jahreszeit improvisieren.

Material und Grundzutaten

• **Pürierstab oder Blitzhacker:** Mit Hilfe dieser Geräte werden eingeweichte Körner zu einem homogenen Teig verarbeitet. Um eventuelles Überhitzen des Geräts und der Zutaten zu vermeiden, sollten kurze Pausen eingelegt werden.

• **Bleche:** Verwenden Sie ein Dörrgerät, so werden die Roste mit Dörrfolie ausgelegt. Backbleche werden mit Backpapier überzogen.

• **Weicher Teigschaber:** Mit einem Teigspatel oder einer -karte kann der Teig leicht verteilt und die Oberfläche geglättet werden.

• **Viele Körnchen!** Am öftesten werden für Cracker Leinsamen verwendet. Ihre harte Schale verleiht Biss, während der Schleim, den sie beim Einweichen produzieren, Feuchtigkeit spendet und das Zermahlen der anderen Zutaten erleichtert. In vielen Rezepten wird auch mit Sonnenblumenkernen, Kürbiskernen, Sesam, Mandeln, Hasel-, Cashew- und Walnüssen gearbeitet.

1. Leinsamen und getrennt davon die anderen Körner oder Nüsse 6 bis 8 Stunden in Wasser oder destilliertem Wasser einweichen.

2. Zuerst die schleimig gewordenen Leinsamen in den Behälter des Mixers geben.

3. Die anderen Körner unter fließendem Wasser abspülen, bis das Wasser klar ist, dann mit den Leinsamen zu einer dicken Teigmasse pürieren.

4. Rohes Gemüse, Gewürze und Salz hinzufügen und erneut mixen.

5. Püree gleichmäßig auf der Dörrfolie bzw. dem Backpapier verteilen und 30 Minuten bei 60 °C und danach je nach Dicke 2 bis 5 Stunden bei 47 °C trocknen.

6. Gehärteten Teig vorsichtig von der Folie ziehen und in gewünschte Formen schneiden. Wenn Sie Keksausstecher verwenden, mit einem Hammer leicht auf den Ausstecher klopfen, so lassen sich die Formen besser ausstechen.

7. Die Cracker mindestens 7 Stunden bei 47 °C trocknen.

Leinsamen

Heller und dunkler Lein bilden Samen mit sehr harter Schale aus. Deshalb werden sie z. B. mit der Kaffeemühle gemahlen oder eingeweicht und dann püriert. Sonst können sie nicht verdaut werden und unser Körper profitiert nicht von ihren zahlreichen Nährstoffen, insbesondere von den Omega-3-Fettsäuren. Durch Einweichen produzieren sie Pflanzenschleim, weshalb sie abführend und reizlindernd wirken.

Tipps

• Körner und Nüsse immer in luftdicht verschlossenen Behältnissen aufbewahren, da sie sonst leicht von Lebensmittelmotten befallen werden.

• Die fertigen Cracker am besten in Metalldosen aufbewahren. Sollten sie dennoch weich werden, genügt es, sie 1 bis 2 Stunden bei 47 °C zu trocknen.

Warum man Körner und Nüsse einweicht

Alle Rohkostspezialisten raten dazu, Samen (Leinsamen, Sesam, Sonnenblumen- und Kürbiskerne) und Nüsse (Mandeln, Hasel-, Cashew- und Walnüsse) einzuweichen. Wenn wir sie kaufen, befinden sie sich in einer Art „Winterschlaf". Durch Hemmstoffe werden Enzymreaktionen verlangsamt oder verhindert und die Lebensmittel werden so gegen Einflüsse von außen geschützt. Das Wasser erweckt sie wieder zum Leben und sie setzen alle Energie für Keimprozess und Pflanzenwachstum frei. Dadurch steigt, wie bei Keimpflanzen, der Gehalt an Vitaminen und Mineralsalzen, die unserem Körper zugutekommen. Gewässerte Körner und Nüsse sind weicher, leichter verdaulich und nicht zuletzt auch leichter zu verarbeiten, was wir bei der Herstellung eines geschmeidigen Teiges schätzen.

Einweichzeit

• Mandeln: 8 bis 12 Stunden •
• Kürbiskerne: 6 Stunden •
• Leinsamen: 6 bis 8 Stunden •
• Geschälte Sonnenblumenkerne: 6 Stunden •
• Cashewnüsse: 3 Stunden •
• Haselnüsse: 12 Stunden •
• Walnüsse: 6 Stunden •
• Geschälter Sesam: 4 Stunden •
• Ungeschälter Sesam: 8 bis 12 Stunden •

HOKKAIDOCRACKER
MIT KÜRBISKERNEN

Genießen Sie diese Herbstcracker mit einem cremigen Hokkaido-Aufstrich. Ob zum Aperitif oder zum Brunch – Kürbisfans werden sie lieben!

Für etwa 20 Cracker

Cracker

50 g helle Leinsamen

30 g Kürbiskerne

120 ml Wasser

50 g Schalotten

120 g Hokkaido-Kürbis

1 Prise Salz

Hokkaido-Aufstrich

250 g Hokkaido-Kürbis

1 EL Mandelmus (40 g)

1 Prise Curry-Pulver

1 Prise Salz

• Einweichzeit: 6 Std. •
• Vorbereitungszeit: 45 Min. •
• Trockendauer: 8 Std. (1 Blech) •
• Haltbarkeit der Cracker:
4 Monate •

1. Leinsamen und Kürbiskerne 6 Stunden im Wasser einweichen.

2. Schalotten schälen und in Scheiben schneiden.

3. Hokkaido waschen und in Würfel schneiden.

4. Leinsamen und Kürbiskerne einige Minuten zu einer cremigen Masse pürieren.

5. Schalotten, Hokkaido und Salz hinzufügen und erneut pürieren.

6. Püree gleichmäßig dünn (2 bis 3 mm) auf einem mit Dörrfolie abgedeckten Dörrrost oder auf einem mit Backpapier überzogenen Backblech verteilen.

7. 1 Stunde bei 60 °C und danach 1 Stunde 30 Minuten bei 47 °C trocknen lassen.

8. Inzwischen den Hokkaido-Aufstrich zubereiten. Gewaschenen Hokkaido ungeschält in große Würfel schneiden. 15 Minuten dämpfen. Mit Mandelmus, Curry und Salz pürieren, beiseite stellen.

9. Den noch weichen Teig vorsichtig abziehen und auf einem Küchenbrett in Dreiecke schneiden.

10. Cracker 5 Stunden 30 Minuten bei 47 °C trocknen. Mit Hokkaido-Aufstrich servieren.

WALDCRACKER

Hier werden Haselnüsse, Herbsttrompeten und Brennnesseln zu feinen Crackern verarbeitet, die durchaus auch als Wegzehrung beim nächsten Waldspaziergang dienen können. Leicht wie Laub bieten sie ein intensives Herbstaroma.

Für etwa 20 Cracker

50 g dunkle Leinsamen

70 g Haselnüsse

200 ml Wasser

100 g Waldpilze, zum Rohverzehr geeignet (z. B. Steinpilze, Herbsttrompeten, Pfifferlinge oder frische Shiitake)

20 g frische Brennnesselspitzen oder glatte Petersilie

1 Prise Salz

• Einweichzeit 6 Std. •
• Vorbereitungszeit: 45 Min. •
• Trockendauer: 7 Std. (1 Blech) •
• Haltbarkeit: 3 Monate •

---

1. Leinsamen und Haselnüsse 6 Stunden getrennt in jeweils 100 ml Wasser einweichen.

2. Nur die Haselnüsse abspülen.

3. Pilze von den erdigen Stielen befreien und sorgfältig mit einem feuchten Geschirrtuch reinigen. Herbsttrompeten kurz mit kaltem Wasser abspülen und vorsichtig trocken tupfen, Brennnesselspitzen waschen und abtropfen lassen.

4. Leinsamen (mit ihrem Schleim) und Haselnüsse einige Minuten pürieren.

5. Pilze, Brennnesseln und Salz hinzufügen und erneut pürieren.

6. Püree gleichmäßig dünn (2 bis 3 mm) auf dem mit Dörrfolie abgedeckten Dörrrost oder dem mit Backpapier überzogenen Backblech verteilen.

7. 1 Stunde bei 60 °C und danach 1 Stunde 30 Minuten bei 47 °C trocknen lassen.

8. Den noch weichen Teig vorsichtig abziehen und auf einem Küchenbrett Pilze bzw. Blätter ausstechen oder ausschneiden.

9. Cracker 4 Stunden 30 Minuten bei 47 °C trocknen.

MINI
APERITIF
PIZZAS

Diese knusprigen Häppchen sorgen für Urlaubsstimmung! Mit Oliven, eingelegten Tomaten und Oregano sind die Mini-Pizzas ein Genuss zum Aperitif.

Für etwa 20 Cracker

Cracker

100 g helle Leinsamen
50 g Sonnenblumenkerne
300 ml Wasser
1 reife Fleischtomate (150 g)
1 große Zwiebel (70 g)
3 Knoblauchzehen
5 oder 6 Zweige Basilikum
(10 g Blätter)
1 EL getrockneter Oregano
1 gestrichener TL Salz
15 g frisch geriebener
Parmesan

Belag

40 g getrocknete Tomaten in Öl
3 EL Wasser
10 schwarze Kalamata-Oliven

• Einweichzeit: 6 Std. •
• Vorbereitungszeit: 1 Std. •
• Trockendauer: 9 Std. (1 Blech) •
• Haltbarkeit der Cracker:
3 Monate •

1. Leinsamen und Sonnenblumenkerne getrennt 6 Stunden in 200 ml bzw. 100 ml Wasser einweichen.

2. Nur die Sonnenblumenkerne spülen.

3. Leinsamen (mit Schleim) und gewaschene Sonnenblumenkerne einige Minuten zu einer zähflüssigen Paste pürieren.

4. Tomate waschen, den Stielansatz entfernen und vierteln.

5. Zwiebel und Knoblauch schälen und grob hacken.

6. Basilikum waschen und Stiele entfernen.

7. Alle Zutaten mit Oregano und Salz mischen und erneut ein paar Minuten pürieren.

8. Püree gleichmäßig dünn (2 bis 3 mm) auf dem mit Dörrfolie abgedeckten Dörrrost oder dem mit Backpapier überzogenen Ofenblech verteilen und mit der Hälfte des Parmesans bestreuen.

9. 1 Stunde bei 60 °C und danach 1 Stunde 30 Minuten bei 47 °C trocknen lassen.

10. Den noch weichen Teig vorsichtig abziehen und auf einem Küchenbrett mit Hilfe eines Ausstechers und eines Hammers Scheiben von etwa 4 cm Durchmesser ausstechen.

11. Eingelegte Tomaten mit 3 EL Wasser pürieren. Oliven entkernen und in Scheibchen schneiden.

12. Tomatenpüree, Oliven und den Rest des Parmesans auf den Crackern verteilen und 6 Stunden 30 Minuten bei 47 °C trocknen.

INDISCHE
CRACKER
MIT SESAM

Ich serviere diese Cracker gern zu indischen Gerichten. Der Geschmack von Zwiebel, Cashewnüssen und Curry passt ausgezeichnet zu einem Dhal, einem vegetarischen Linsengericht.

Für 10 Cracker

80 g helle Leinsamen

300 ml Wasser

50 g Cashewnüsse

50 g Sonnenblumenkerne
(+20 g zur Dekoration)

80 g Karotten

80 g Zwiebeln

1 EL Currypulver

1 TL gemahlener Kümmel

3 Prisen Salz

10 g weißer Sesam

10 g schwarzer Sesam

10 g Wasabisesam

• Einweichzeit: 6 Std. •
• Vorbereitungszeit: 30 Min. •
• Trockendauer: 12 Std. (1 Blech) •
• Haltbarkeit: 4 Monate •

---

1. Leinsamen 6 Stunden in 130 ml Wasser einweichen. Cashewnüsse und 50 g Sonnenblumenkerne 3 Stunden im restlichen Wasser einweichen.

2. Nur die Cashewnüsse und Sonnenblumenkerne spülen.

3. Karotten und Zwiebel schälen und in Scheiben schneiden.

4. Leinsamen (mit Schleim), Cashewnüsse und Sonnenblumenkerne einige Minuten pürieren.

5. Karotten, Zwiebel, Curry, Kümmel und Salz hinzufügen und erneut ein paar Minuten pürieren.

6. Püree gleichmäßig dünn (3 bis 4 mm) auf dem mit Dörrfolie abgedeckten Dörrrost oder dem mit Backpapier überzogenen Backblech verteilen.

7. Mit 20 g Sonnenblumenkernen und Sesam bestreuen und leicht andrücken.

8. 1 Stunde 30 Minuten bei 60 °C und danach 3 Stunden 30 Minuten bei 47 °C trocknen lassen.

9. Den noch weichen Teig vorsichtig abziehen und auf einem Küchenbrett in Rechtecke schneiden.

10. Cracker 7 Stunden bei 47 °C trocknen.

KEKSE
UND MÜSLIRIEGEL

GETREIDE ALS ENERGIESPENDER
GRUNDLAGEN UND RATSCHLÄGE

Nichts geht über selbst gemachte Müsliriegel, Kekse oder Essenerbrot aus der eigenen Backstube, um gut in einen neuen Tag zu starten, denn diese Energiespender enthalten wesentlich mehr Nährstoffe als die im Handel erhältlichen Produkte, die oft auf bis zu 200 °C erhitzt wurden.

Material und Grundzutaten

• Wie bei den Crackern auf Seite 46

Ein paar Tipps

• Getreide immer in luftdicht verschlossenen Behältnissen aufbewahren, Müsliriegel und Kekse am besten in Schachteln.

• Sollten sie nach einiger Zeit weich werden, genügt es, sie wieder ein paar Stunden zu trocknen.

Chiasamen

Diese ovalen Samen einer mexikanischen Salbeiart (*Salvia hispanica*) sind fast so klein wie Mohnsamen. Sie waren ein beliebtes Lebensmittel und waren bei den präkolumbianischen Zivilisationen von religiöser Bedeutung. Durch die Conquista geriet die präkolumbianische Kultur über Jahrhunderte in Vergessenheit, so dass die Chiasamen erst Ende der 1990er-Jahre wieder entdeckt wurden. Sie enthalten viele Omega-3-Fettsäuren, Proteine und Ballaststoffe, weshalb sie heute in der Rohkost zu neuen Ehren gelangen. Auch sie sondern, wie Leinsamen, Schleim ab, wenn sie in Wasser eingeweicht werden – sogar bis zum 10-Fachen ihres Volumens. Im Gegensatz zum Leinsamen müssen sie jedoch nicht zerkleinert werden, um verdaut werden zu können. So sind Chiasamen ein geeigneter Leinsamen-Ersatz in allen Rezepten für Cracker und Müsliriegel.

Wie bei den Crackern sollten auch für Kekse und Müsliriegel Getreide, Samen und Nüsse in destilliertem Wasser oder Wasser eingeweicht werden, um sie zu „aktivieren", und danach durchgespült werden bis das Wasser wieder klar ist. Gemüse kann durch frisches Obst (Bananen, Äpfel, Birnen, Pfirsiche, Kokosnuss usw.) und eventuell etwas Zucker (Honig, Agavensirup oder Rohrzucker) ersetzt werden.

Kekse und Müsliriegel können verschieden zubereitet und präsentiert werden:

• Die Zutaten werden nicht püriert, sondern als Körnermischung getrocknet.

• Die Zutaten werden püriert, auf eine Dörrfolie oder auf ein Backpapier aufgestrichen, vorgetrocknet, in Riegel geschnitten und zu Ende getrocknet.

• Die Zutaten werden püriert, mit den Händen zu Kugeln, Laibchen oder Brötchen geformt, auf eine Dörrfolie oder ein Backpapier gelegt und getrocknet. Nach der halben Trockenzeit wird das Papier entfernt und die Kekse noch einige Stunden zu Ende getrocknet.

KNUSPERMÜSLI
MIT BUCHWEIZEN

Dieses Müsli schmeckt so gut, dass es auch die größten Rohkostskeptiker nach ein paar Löffeln überzeugt hat. Der mit einer feinen Schicht Agavensirup umgebene Buchweizen ist eine knusprige Köstlichkeit! Mein Dank an Clotilde[1] und Poppy für dieses Rezept.

Für 500 g Müsli

200 g roher, geschälter Buchweizen

75 g Mandeln

500 ml Wasser

60 g Sonnenblumenkerne

1 EL Mandelmus (30 g)

130 g Agavensirup oder Honig

1 TL gemahlener Ingwer

1 TL gemahlener Zimt

1 Prise gemahlene Gewürznelken

• Einweichzeit: 8 Std. •
• Vorbereitungszeit: 30 Min. •
• Trockendauer: 12 Std. (1 Blech) •
• Haltbarkeit: 2 Wochen •

Anmerkung: Je nach Belieben können getrocknete, klein geschnittene Früchte (Aprikosen, Preiselbeeren, Feigen, Äpfel, Pflaumen usw.) dazugegeben werden.

1. Am Vorabend Buchweizen und in einer zweiten Schüssel Mandeln und Sonnenblumenkerne in Wasser einweichen

2. Am nächsten Tag gründlich spülen, bis das Wasser klar ist.

3. Mandeln grob hacken.

4. Mandelmus, Agavensirup und Gewürze in einer großen Schüssel mischen.

5. Buchweizen, Sonnenblumenkerne und Mandelstücke einrühren.

6. Gemisch gleichmäßig auf einem mit Dörrfolie abgedeckten Dörrrost oder einem mit Backpapier überzogenen Backblech verteilen.

7. 3 Stunden bei 60 °C und danach 9 Stunden bei 47 °C trocknen lassen. Müsli gelegentlich mit den Fingern durchmischen, um das Trocknen zu erleichtern.

8. Wenn das Müsli völlig abgekühlt ist, in einem luftdicht verschlossenen Glas aufbewahren.

[1] Autorin des englischen Kochblogs http://chocolateandzucchini.com

ELBENBROT
ECKEN

Diese Kekse passen in jeden Rucksack, jede Handtasche oder Picknickbox. Wie die meisten rohen Kekse, stecken sie voller Energie, wie das Brot der Elben in Tolkiens Herr der Ringe.

Für 18 Kekse

70 g entkernte Datteln

40 g Walnüsse

350 ml Wasser

130 g Haferflocken (bei Glutenallergie Kastanienflocken)

70 g frische Äpfel

170 g entkernte Dörrpflaumen

50 g Haselnuss- oder Mandelmus

60 ml Agavensirup

Schale von 2 Orangen

100 g Soft-Feigen (2 Stunden einweichen, falls sie zu trocken sind)

• Einweichzeit 2 Stunden •
• Vorbereitungszeit: 1 Std. 30 Min. •
• Trockendauer: 12 Std. (1 Blech) •
• Haltbarkeit: 4 Monate •

1. Datteln und Walnüsse 2 Stunden einweichen.

2. Haferflocken im Blitzhacker fein hacken.

3. Äpfel in Würfel schneiden.

4. 70 g der Dörrpflaumen und die restlichen Zutaten (außer den Feigen) zu einem dicken Teig pürieren.

5. Gleichmäßig auf dem mit Dörrfolie abgedeckten Dörrrost oder dem mit Backpapier überzogenen Ofenblech verteilen.

6. 1 Stunde bei 60 °C und danach 2 Stunden bei 47 °C trocknen lassen.

7. Teig zuerst mit einem Sägemesser zu einem 30 x 30 cm großen Quadrat zuschneiden, dann in der Mitte in zwei 15 x 30 cm große Rechtecke teilen.

8. Die restlichen 100 g Dörrpflaumen mit den Feigen pürieren.

9. Das Püree auf eines der beiden Rechtecke streichen.

10. Das andere Rechteck darauflegen und mit der flachen Hand andrücken.

11. 4 Stunden bei 47 °C trocknen.

12. Die gefüllte Keksplatte in 5 x 5 cm große Quadrate schneiden.

13. Weitere 5 Stunden (ohne Papier) im Dörrofen trocknen lassen.

FRUCHTRIEGEL
MIT CHIASAMEN

Mit diesen Müsliriegeln wird es Ihnen nicht an Energie fehlen! Auch Kinder lieben es, wenn sich ein weicher Kern unter einer knusprigen Hülle verbirgt.

Für 15 Riegel

Fruchtbelag

450 ml Wasser
50 g Quinoa
100 g Haselnüsse
30 g Sonnenblumenkerne
30 g Chiasamen
(oder 60 g Leinsamen)
80 g geschälte Pistazien
60 g getrocknete Moosbeeren
(oder Rosinen)
60 g Buchweizenflocken
100 g Vollrohrzucker

Teig

200 g Buchweizenflocken
50 g Honig oder Agavensirup
60 g Soft-Feigen
(1 Std. einweichen, falls sie zu trocken sind)
125 ml Wasser

• Einweichzeit 9 Std. •
• Vorbereitungszeit: 1 Std. 30 Min. •
• Trockendauer: 12 Std. (1 Blech) •
• Haltbarkeit: 4 Monate •

1. Am Vorabend Quinoa, sowie Haselnüsse und Sonnenblumenkerne getrennt in jeweils 150 ml Wasser einweichen.

2. Am nächsten Tag gut ausspülen, bis das Wasser klar ist.

3. Chiasamen 1 Stunde im restlichen Wasser quellen lassen.

4. In der Zwischenzeit den Teig vorbereiten. Buchweizenflocken im Blitzhacker zerkleinern und nach und nach Honig, Feigen und Wasser hinzugeben, bis ein homogener Teig entsteht.

5. Püree zunächst mit der Hand, dann mit einem Nudelholz gleichmäßig dünn (1 bis 2 mm) auf dem mit Dörrfolie abgedeckten Dörrrost oder dem mit Backpapier überzogenen Backblech verteilen und beiseite stellen.

6. Haselnüsse und Pistazien grob hacken.

7. Alle Zutaten für den Belag mit den Chiasamen (inkl. Quellschleim) in einer großen Schüssel mischen, dann gleichmäßig auf der Teigunterlage verteilen und glatt streichen.

8. 2 Stunden bei 60 °C trocknen lassen.

9. In rechteckige Riegel (10 x 5 cm) schneiden und 10 Stunden auf dem unbedeckten Rost oder Blech bei 47 °C trocknen.

SAFTIGE KOKOSHAPPEN
MIT GETROCKNETEN
APRIKOSEN

Diese Kokoshappen, eine Kombination aus orientalischem Gebäck und Kokosmakronen, sind saftig wie ein Kuchen mit weichem Kern. Sehr gut harmonieren sie mit einem Blütentee oder einem Bananen-Smoothie.

Für ein Dutzend Happen

250 g frisches Kokosfleisch
70 g Agavensirup
50 g weißes Mandelmus
100 g getrocknete Aprikosen
12 ganze Mandeln

• Vorbereitungszeit: 30 Min. •
• Trockendauer: 18 Std. (1 Blech) •
• Haltbarkeit: 3 Monate •

1. Kokosfleisch in kleine Würfel schneiden und einige Minuten im Mixer zerkleinern.

2. Nach und nach Agavensirup und Mandelmus zufügen und erneut mixen.

3. Zerkleinerte Aprikosen dazugeben und alles zu einem dicken Teig pürieren.

4. Mit den Händen nussgroße Kugeln formen und auf den mit Dörrfolie abgedeckten Dörrrost oder das mit Backpapier überzogene Backblech legen.

5. Eine Mandel in die Mitte jeder Kugel legen und leicht hineindrücken.

6. 2 Stunden bei 60 °C und dann 16 Stunden bei 47 °C trocknen lassen.

ESSENERBROT

Zum Abschluss möchte ich den Essenern als Wegbereiter der Rohkost huldigen. Sie trockneten Teig aus gekeimtem Weizen an der Sonne zu Brot. Unser Rezept dürfte dem Urrezept ziemlich ähnlich sein.

Für 4 Brötchen oder 1 Brot

200 g keimfähiger Weizen
destilliertes Wasser oder
Leitungswasser
1 EL Mandelmus
2 EL Honig
50 g gehackte Haselnüsse

- Einweichzeit: 24 Std. -
- Keimdauer: 3 Tage -
- Vorbereitungszeit: 30 Min. -
- Trockendauer: 12 bis 20 Std.
  (1 Blech) -
- Haltbarkeit: 2 Monate -

Anmerkung: Der Keimprozess sollte noch vor dem Erscheinen des grünen Keims (nach 4 bis 5 Tagen) abgebrochen werden, da der Weizen frisch gekeimt am besten schmeckt.

1. Weizen 24 Stunden im Wasser einweichen. Gut mit klarem Wasser abspülen und in ein Keimgerät oder ein mit Küchenpapier ausgelegtes Sieb geben und mit einem Teller bedecken. Drei Tage lang täglich spülen. Wenn die Weizenkeime (kleine weiße Spitzen) sichtbar sind, den Weizen noch einmal gründlich spülen, bis das Wasser klar ist.

2. Weizenkeime zu einem dicken, homogenem Teig pürieren.

3. Nach und nach Mandelmus, Honig und Haselnüsse einrühren.

4. Teig vierteln und mit feuchten Händen zu ovalen Brötchen formen.

5. Auf den mit Dörrfolie abgedeckten Dörrrost oder das mit Backpapier überzogene Backblech legen.

6. 2 Stunden bei 60 °C und dann 10 Stunden bei 47 °C trocknen lassen. (Ein ganzes Brot wird 3 Stunden bei 60 °C und dann 17 Stunden bei 47 °C trocknen gelassen.)

7. Zum Verzehr werden die Brötchen halbiert oder mit einem nassen Messer in Scheiben geschnitten. Besonders gut schmecken sie mit Honig und Mandelmus oder mit Frischkäse, wenn Sie es lieber salzig mögen.

SELBST GEMACHTE BIO-SÜSSIGKEITEN

Bio-Gummibärchen, Konfekt, Bonbons und Schokolade ... wer seine Kinder uns sich selbst mit Bio-Naschereien ohne Zusätze und Konservierungsmittel verwöhnen will, der macht diese am besten selbst. Mit den süßen Rezept-Ideen ist das ganze einfach - und auch die Kinder helfen gerne mit, denn Süßigkeiten schmecken selbst gemacht noch besser!

ISBN 978-3-7020-1361-5

BIO-BONBONS & KONFEKT SELBSTGEMACHT

ca. 80 Seiten, zahlreiche Farbabbildungen,

Hardcover

Linda Louis

Bio-Bonbons & Konfekt

Selbstgemacht!

Leopold Stocker Verlag

1.